이렇게 쉽고 맛있는 일본어는 없었다!

머리말

면을 후루룩 넘기듯 쉽고 맛있게
일본어 문자와 친해져 볼까요?

"일본어 문자 빨리 외우는 방법 없나요?"

학습자분들께 이런 질문을 받을 때마다 답변을 망설이게 됩니다. 히라가나, 가타카나를 하루 만에 끝낸다거나 써 보지 않아도 다 외울 수 있다는 달콤한 거짓말 같은 책들이 쏟아지고 있지만, 진지하게 학습 고민을 공유해 주시는 분들께 현실성 없는 솔루션을 드리고 싶지 않기 때문입니다.

히라가나와 가타카나 문자는 일본어를 학습하는 데 있어 처음 마주하게 되는 관문이자 일본어 커뮤니케이션에 꼭 필요한 핵심적인 재료이기도 합니다. 이 두 가지 문자 학습을 모두 마쳐야만 본격적으로 일본어를 시작할 수 있는 만큼, 문자를 빠르게 달달 외워서 머리 속에 집어 넣는 것도 하나의 방법일지 모릅니다.

하지만 무작정 첫 페이지부터 익숙지 않은 문자와 복잡한 정보 등을 제시하며 암기를 강요하는 듯한 책을 선보이고 싶지 않았습니다. 책을 만드는 이가 아무리 양질의 내용을 제공한다고 한들 결국 그 책을 보고, 읽고, 소화하는 일은 오롯이 학습자인 여러분들의 몫이기 때문입니다.

이 책의 가장 큰 목표는 학습자 여러분들께 외국어 학습의 '선택지'를 제공하고 '동기부여'의 계기를 마련해 드리는 것입니다. 외국어에 지속적으로 관심을 기울이고, 나아가 외국어 학습이라는 작은 실천이 여러분들의 일상에 긍정적인 아웃풋으로 발현되기를 바랍니다.

| PREFACE | STRUCTURES | OVERVIEW | CONTENTS |

'음식'은 누구에게나 친숙한 존재입니다. 그리고 음식은 때에 따라 외국어와 현지 문화를 접하는 즐거운 통로가 되어줍니다. 떠올리기만 해도 즐겁고 행복해지는 다양한 일본 음식들을 생생한 일러스트로 구현하여 여러분들의 자연스러운 일본어 문자 학습을 도울 수 있도록 구성하였습니다.

모든 일본 음식에는 고유의 이름이 있고, 그 이름을 구성하고 있는 것은 히라가나와 가타카나입니다. 따라서 이 책은 각 행의 문자마다 음식 어휘를 그림과 함께 배치하여 어휘를 통해 히라가나와 가타카나 문자를 추출해 내는 학습 방법을 제시합니다. 좋아하는 혹은 낯설지만 흥미로운 음식들을 보며 글자를 마음껏 써 보세요. 쓰기뿐만 아니라 발음을 듣고 입으로 내뱉는 연습을 많이 하는 것도 좋습니다. 나만의 속도와 방식으로 외국어와 친해져 보세요.

스 끼 코 소 모 노 노 죠- 즈 나 레
"好きこそものの上手なれ。"
좋아하는 것이야말로 잘하게 된다.

좋아하는 마음이 조금이라도 있다면 이미 절반은 성공한 셈입니다. 외국어에 대한 아주 사소한 흥미와 관심은 지속적인 동기부여가 되어 여러분들을 학습의 길로 안내할 것입니다. 겁 먹지 않으셔도 됩니다. 후루룩외국어연구소★는 여러분이 외국어를 후루룩 맛있게 맛볼 그날까지 함께 뛰겠습니다.

후루룩외국어연구소

★후루룩외국어연구소는?

최강의 어학 전문가로 구성된 후루룩외국어연구소는 28년간 축적한 노하우를 바탕으로 최상의 교재와 강의, 학습법, 강사진을 황금비율로 배합하여 학습자들의 아웃풋 능력을 향상시키는 콘텐츠를 만들어 내고 있습니다.

책의 구성&활용법

'후루룩 일본어 히라가나 가타카나'는 일본어 학습으로 어려움을 겪는 왕초보 학습자 여러분들을 위해 다양한 학습 노하우를 맛있고 간편하게 요리한 일본어 첫걸음서입니다. 본 책은 일본어 문자를 다양한 음식 일러스트를 보며 즐겁게 써 볼 수 있도록 구성되어 있습니다. 무작정 외워야 한다는 강박에서 벗어나 가벼운 마음으로 일본어 문자와 친해져 보세요.

후루룩 외국어는 **자신에게 맞는 속도의 외국어를 추구합니다.**
일본어 문자를 음식과 함께 쉽고 맛있게 후루룩 학습해 보세요.

워밍업

❶ 테마 맛보기
이번 장에서 연습할 주제를 미리 확인하고 어떤 음식 메뉴가 등장할지 추측해 보세요.

❷ 암기 동영상 QR
본문에 수록된 모든 문자와 음식 어휘를 원어민의 생생한 발음으로 듣고 자연스럽게 익힐 수 있도록 돕는 암기 동영상을 수록했어요.

❸ Can-do 확인
이번 장을 모두 마치고 나면 무엇을 달성할 수 있는지 미리 확인할 수 있어요.

MP3 다운로드 방법

❶ 시대에듀 홈페이지 www.sdedu.co.kr로 접속
❷ 홈페이지 상단 〈학습자료실〉에서 'MP3' 항목 클릭
❸ 검색창에 '후루룩 일본어 히라가나 가타카나' 검색하여 MP3 다운로드

PREFACE　　STRUCTURES　　OVERVIEW　　CONTENTS

문자 메뉴 미리보기

히라가나와 가타카나 쓰기 연습을 시작하는 1장, 4장에 각각 본 책에서 다루는 모든 음식 메뉴를 한눈에 볼 수 있도록 문자 메뉴판을 수록했어요. 본격적인 쓰기 연습에 앞서 메뉴판 속 문자를 보며 학습을 준비해 보세요.

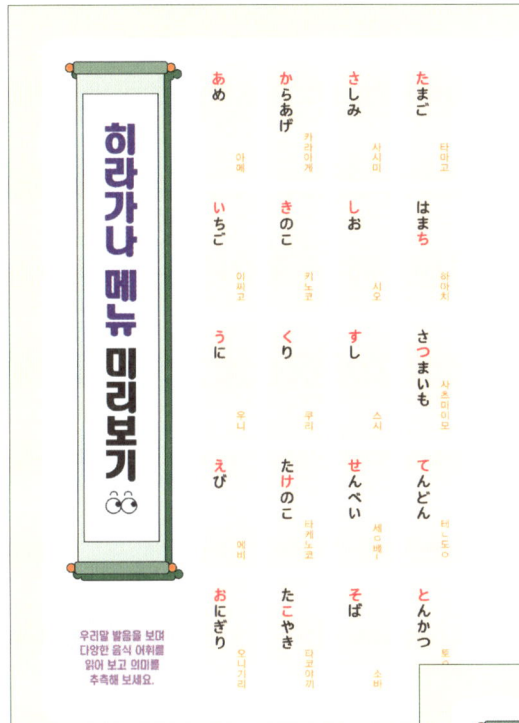

❶ 핵심 문자 체크

각 음식 단어에는 집중적으로 연습하게 될 핵심 문자가 빨간색으로 표시되어 있어요. 핵심 문자를 중심으로 메뉴 어휘를 가볍게 스캔해 보세요.

❷ 메뉴 추측하기

각 음식 단어 우측에는 한국어 발음이 표기되어 있어요. 어휘를 읽으며 어떤 음식일지 의미를 추측해 보세요.

문자 쓰기 연습

본격적으로 쓰기 연습을 시작하는 코너예요. 먹음직스러운 음식 일러스트를 보며 각 문자를 즐겁게 써 보세요.

❶ 음식 메뉴 확인
먼저 일러스트를 함께 음식 메뉴 어휘를 확인하고 소리 내어 읽어 보세요.

❷ 핵심 문자 쓰기
빨간색으로 표시된 핵심 문자를 획순을 확인하며 손글씨로 8번 써 보세요.

❸ 음식 어휘 쓰기
핵심 문자 쓰기에 익숙해졌다면 아래쪽에서 음식 어휘 쓰기에 도전해 보세요.

❹ Tips!
일본 현지 식문화와 관련된 시시콜콜한 이야기를 실었어요. 쓰기 연습을 잠시 멈추고 휴식을 취하며 읽어 보세요.

| PREFACE | **STRUCTURES** | OVERVIEW | CONTENTS |

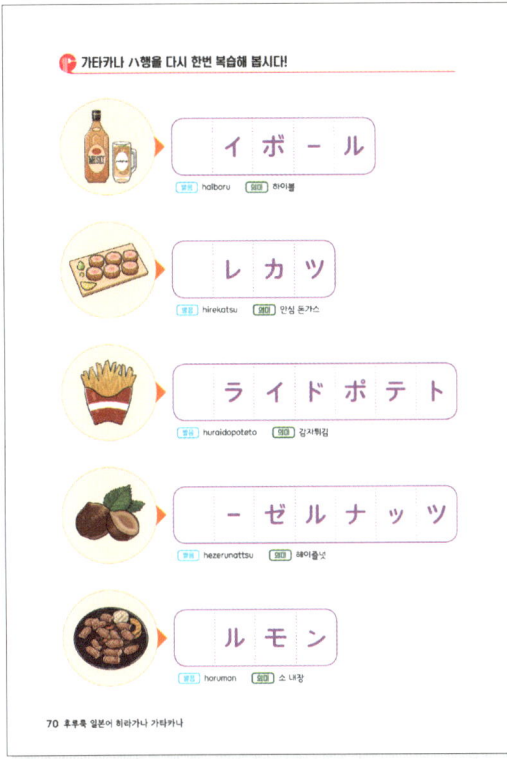

리마인드 퀴즈

쓰기 연습을 끝낸 후 빈칸 속 문자를 채워가며 문자를 복습해 보세요.

❶ 퀴즈 도전하기

그림과 아래 힌트를 참고하여 빈칸에 알맞은 일본어 문자를 써 보세요.

❷ 단어 말하기

빈칸을 채웠다면 소리 내어 단어를 말해 보세요.

➕ 히라가나, 가타카나 학습이 끝나는 3장과 6장에는 생김새가 비슷한 문자를 비교하며 쓰는 연습문제가 추가 수록되어 있어요.

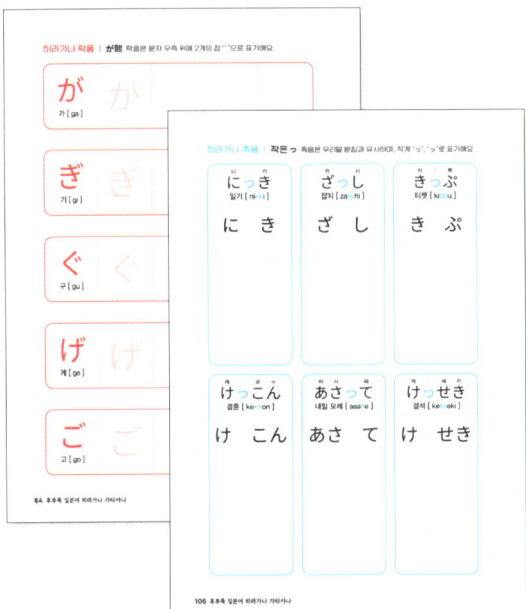

부록

- **나만의 문자 워크북**

다양한 소리가 나는 문자부터 히라가나·가타카나와 추가 음식 어휘까지 마음껏 써 볼 수 있도록 부록에 워크북을 수록했어요. 빈칸을 채워가며 나만의 쓰기 노트를 완성해 보세요.

필요할 때 꺼내 보는 일본어 문자

✱ 쓰기 연습을 시작하기 전 일본어 문자에 대해 가볍게 읽어 보세요.

1. 히라가나 : 일본어를 구성하는 가장 기본적인 문자로 총 46개예요.

	あ단	い단	う단	え단	お단
あ행	あ 아[a]	い 이[i]	う 우[u]	え 에[e]	お 오[o]
か행	か 카[ka]	き 키[ki]	く 쿠[ku]	け 케[ke]	こ 코[ko]
さ행	さ 사[sa]	し 시[shi]	す 스[su]	せ 세[se]	そ 소[so]
た행	た 타[ta]	ち 치[chi]	つ 츠[tsu]	て 테[te]	と 토[to]
な행	な 나[na]	に 니[ni]	ぬ 누[nu]	ね 네[ne]	の 노[no]
は행	は 하[ha]	ひ 히[hi]	ふ 후[hu]	へ 헤[he]	ほ 호[ho]
ま행	ま 마[ma]	み 미[mi]	む 무[mu]	め 메[me]	も 모[mo]
や행	や 야[ya]		ゆ 유[yu]		よ 요[yo]
ら행	ら 라[ra]	り 리[ri]	る 루[ru]	れ 레[re]	ろ 로[ro]
わ행	わ 와[wa]				を 오[wo]
ん	ん 응[n]				

> **Tips!**
> ▸ わ행의 'を'는 우리말 '~을/를'과 같이 조사의 역할을 하며 혼자서 쓰이지 않아요.
> ▸ ん은 우리말 받침 중 'ㄴ,ㅁ,ㅇ'과 발음이 유사하고, 주로 다른 글자와 붙어 받침과 같은 역할을 해요.

2. 가타카나 : 주로 외래어를 표기할 때 사용하는 문자로 개수는 히라가나와 같아요.

	ア단	イ단	ウ단	エ단	オ단
ア행	ア 아[a]	イ 이[i]	ウ 우[u]	エ 에[e]	オ 오[o]
カ행	カ 카[ka]	キ 키[ki]	ク 쿠[ku]	ケ 케[ke]	コ 코[ko]
サ행	サ 사[sa]	シ 시[shi]	ス 스[su]	セ 세[se]	ソ 소[so]
タ행	タ 타[ta]	チ 치[chi]	ツ 츠[tsu]	テ 테[te]	ト 토[to]
ナ행	ナ 나[na]	ニ 니[ni]	ヌ 누[nu]	ネ 네[ne]	ノ 노[no]
ハ행	ハ 하[ha]	ヒ 히[hi]	フ 후[hu]	ヘ 헤[he]	ホ 호[ho]
マ행	マ 마[ma]	ミ 미[mi]	ム 무[mu]	メ 메[me]	モ 모[mo]
ヤ행	ヤ 야[ya]		ユ 유[yu]		ヨ 요[yo]
ラ행	ラ 라[ra]	リ 리[ri]	ル 루[ru]	レ 레[re]	ロ 로[ro]
ワ행	ワ 와[wa]				ヲ 오[wo]
ン	ン 응[n]				

Tips!
▶ 생김새가 비슷한 글자에 유의하셔야 해요. **예** シ(시) – ツ(츠) | ソ(소) – ン(응)
▶ ワ행의 'ヲ' 또한 조사 '~을/를'의 역할을 하나 잘 사용하지 않는 글자예요.

3. 탁음 : か・さ・た・は행에서 쓰이는 문자로 우측 위에 2개의 점 ' ゛ '으로 표기해요.

が ガ 가 ga	ぎ ギ 기 gi	ぐ グ 구 gu	げ ゲ 게 ge	ご ゴ 고 go
ざ ザ 자 za	じ ジ 지 ji	ず ズ 즈 zu	ぜ ゼ 제 ze	ぞ ゾ 조 zo
だ ダ 다 da	ぢ ヂ 지 ji	づ ヅ 즈 zu	で デ 데 de	ど ド 도 do
ば バ 바 ba	び ビ 비 bi	ぶ ブ 부 bu	べ ベ 베 be	ぼ ボ 보 bo

4. 반탁음 : は행에서 쓰이는 문자로 우측 위에 1개의 동그라미 ' ゜ '로 표기해요.

ぱ パ 파 pa	ぴ ピ 피 pi	ぷ プ 푸 pu	ぺ ペ 페 pe	ぽ ポ 포 po

5. 요음 : い단 글자 옆에 や행의 3글자 'や・ゆ・よ'를 작게 붙여 쓴 문자예요.

きゃ キャ 캬 kya	きゅ キュ 큐 kyu	きょ キョ 쿄 kyo	にゃ ニャ 냐 nya	にゅ ニュ 뉴 nyu	にょ ニョ 뇨 nyo
ぎゃ ギャ 갸 gya	ぎゅ ギュ 규 gyu	ぎょ ギョ 교 gyo	ひゃ ヒャ 햐 hya	ひゅ ヒュ 휴 hyu	ひょ ヒョ 효 hyo
しゃ シャ 샤 sha	しゅ シュ 슈 shu	しょ ショ 쇼 sho	びゃ ビャ 뱌 bya	びゅ ビュ 뷰 byu	びょ ビョ 뵤 byo
じゃ ジャ 쟈 ja	じゅ ジュ 쥬 ju	じょ ジョ 죠 jo	ぴゃ ピャ 퍄 pya	ぴゅ ピュ 퓨 pyu	ぴょ ピョ 표 pyo
ちゃ チャ 챠 cha	ちゅ チュ 츄 chu	ちょ チョ 쵸 cho	みゃ ミャ 먀 mya	みゅ ミュ 뮤 myu	みょ ミョ 묘 myo
ぢゃ ヂャ 쟈 ja	ぢゅ ヂュ 쥬 ju	ぢょ ヂョ 죠 jo	りゃ リャ 랴 rya	りゅ リュ 류 ryu	りょ リョ 료 ryo

PREFACE　STRUCTURES　**OVERVIEW**　CONTENTS

6. 촉음 : た행의 つ을 조그맣게(っ・ッ) 표기한 것으로, 글자 뒤에 붙어 받침과 같은 역할을 해요. 다만 우리말의 받침과 달리 한 박자로 발음되는 점에 주의하셔야 해요.

❶ 촉음이 か행 앞에 오는 경우　**[ㄱ] 발음**
　예 がっこう [가ㄱ꼬–] 학교 ｜ コロッケ [코로ㄱ케] 고로케

❷ 촉음이 さ・た행 앞에 오는 경우　**[ㅅ] 발음**
　예 ざっし [자ㅅ시] 잡지 ｜ ネット [네ㅅ또] 인터넷

❸ 촉음이 ぱ행 앞에 오는 경우　**[ㅂ] 발음**
　예 しっぽ [시ㅂ뽀] 꼬리 ｜ スリッパ [스리ㅂ빠] 슬리퍼

7. 발음 : 히라가나의 'ん', 가타카나의 'ン'을 말하며 촉음과 마찬가지로 우리말 받침과 유사한 역할을 해요. 역시 한 박자로 발음해야 해요.

❶ 발음이 か・が행 앞에 오는 경우　**[ㅇ] 발음**
　예 にほんご [니호ㅇ고] 일본어 ｜ シンガー [시ㅇ가–] 가수

❷ 발음이 さ・ざ・た・だ・な・ら행 앞에 오는 경우　**[ㄴ] 발음**
　예 べんり [베ㄴ리] 편리(함) ｜ レンズ [레ㄴ즈] 렌즈

❸ 발음이 ま・ば・ぱ행 앞에 오는 경우　**[ㅁ] 발음**
　예 せんぱい [세ㅁ빠이] 일본어 ｜ キャンプ [캬ㅁ뿌] 캠프

❹ 발음이 あ・は・や・わ행 앞, 맨 끝에 오는 경우　**[ㄴ,ㅇ] 발음**
　예 でんわ [데ㅇ와] 전화 ｜ リボン [리보ㅇ] 전화

차례

PREFACE STRUCTURES OVERVIEW **CONTENTS**

히라가나

1장 あ·か·さ행 쓰기 연습 　　쓰기 완료! ✓

- 히라가나 메뉴 미리보기 ········· 16
- あ~さ행 쓰기 연습 ··············· 18
- あ~さ행 리마인드 퀴즈 ·········· 24

2장 た·な·は행 쓰기 연습 　　쓰기 완료!

- た~は행 쓰기 연습 ··············· 28
- た~は행 리마인드 퀴즈 ·········· 34

3장 ま·や·ら·わ행/발음 ん 쓰기 연습 　　쓰기 완료!

- ま~わ행/발음 ん 쓰기 연습 ······ 38
- ま~わ행/발음 ん 리마인드 퀴즈 ·· 44
- 생김새가 비슷한 히라가나 쓰기 연습 ··· 48

가타카나

4장 ア·カ·サ행 쓰기 연습 　　쓰기 완료!

- 가타카나 메뉴 미리보기 ········· 50
- ア~サ행 쓰기 연습 ··············· 52
- ア~サ행 리마인드 퀴즈 ·········· 58

5장 タ·ナ·ハ행 쓰기 연습 　　쓰기 완료!

- タ~ハ행 쓰기 연습 ··············· 62
- タ~ハ행 리마인드 퀴즈 ·········· 68

6장 マ·ヤ·ラ·ワ행/발음 ン 쓰기 연습 　　쓰기 완료!

- マ~ワ행/발음 ン 쓰기 연습 ······ 72
- マ~ワ행/발음 ン 리마인드 퀴즈 ·· 78
- 생김새가 비슷한 가타카나 쓰기 연습 ··· 82

특별 부록

나만의 문자 워크북 　　쓰기 완료!

- 탁음·반탁음·요음 써 보기 ······· 84
- 촉음·발음 써 보기 ··············· 106
- 히라가나·가타카나 더 써 보기 ··· 110
- 음식 단어 더 써 보기 ············ 130

1장 히라가나

あ・か・さ행 쓰기 연습

암기동영상 보기

1장 학습을 모두 마치면

히라가나 あ~さ행 15개 문자와
음식 메뉴를 쓰고 말할 수 있어요!

히라가나 메뉴 미리보기

あめ 아메	からあげ 카라아게	さしみ 사시미	たまご 타마고
いちご 이찌고	きのこ 키노코	しお 시오	はまち 하마치
うに 우니	くり 쿠리	すし 스시	さつまいも 사츠마이모
えび 에비	たけのこ 타케노코	せんべい 세ㅁ베ー	てんどん 테ㄴ도ㅇ
おにぎり 오니기리	たこやき 타코야끼	そば 소바	とんかつ 토ㅇ카츠

우리말 발음을 보며 다양한 음식 어휘를 읽어 보고 의미를 추측해 보세요.

일본어	한국어 발음
わかめ	와까메
いくら	이꾸라
やきそば	야끼소바
まぐろ	마구로
はちみつ	하치미쯔
なまびーる	나마비-루
めんをたべる	메ㄴ오 타베루
りんご	리ㄴ고
みそしる	미소시루
ひらめ	히라메
にくまん	니꾸마ㄴ
うどん	우도ㄴ
くるみ	쿠루미
ゆず	유즈
むぎちゃ	무기쨔
ふとまき	후또마끼
たぬきそば	타누끼소바
れんこん	레ㄴ코ㄴ
めんたいこ	메ㄴ따이코
へぎそば	헤기소바
ねぎ	네기
ろばたやき	로바타야끼
よもぎだんご	요모기다ㄴ고
もつなべ	모쯔나베
ほたて	호타테
のり	노리

자 그럼! あ행부터 쓰기 연습을 시작해 볼까요?

히라가나 あ행 음식 그림을 보며 쓰기 연습을 해 봅시다!

아 메
あめ
사탕

▶ あめ

이 찌 고
いちご
딸기

▶ いちご

우 니
うに
성게알

▶ うに

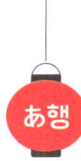

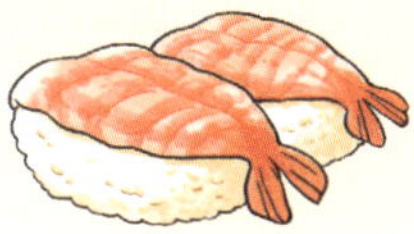

에 비
えび
새우

え え

▶ えび

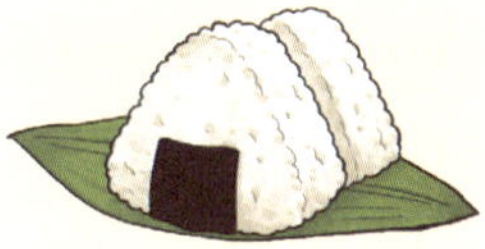

오 니 기 리
おにぎり
주먹밥

お お

▶ おにぎり

Tips!

일본에서 딸기 수확량이 가장 많은 지역은 도쿄가 속해 있는 관동 지역 가장 끝자락에 위치한 '도치기현'이에요. 도치기현에서 재배되는 딸기 품종은 과즙이 풍부하고 당도가 높아 인기가 많답니다.

히라가나 か행 음식 그림을 보며 쓰기 연습을 해 봅시다!

카 라 아 게
からあげ
닭튀김, 가라아게

▶ からあげ

키 노 코
きのこ
버섯

▶ きのこ

쿠 리
くり
밤

▶ くり

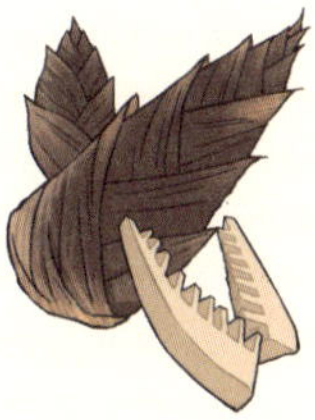

타 케 노 코
た け のこ
죽순

▶ たけのこ

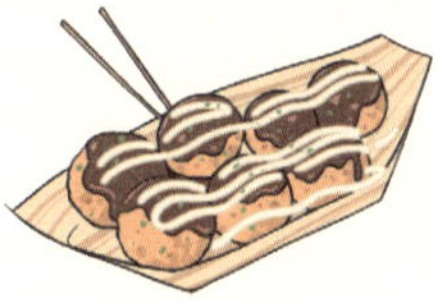

타 코 야 끼
た こ やき
문어빵, 다코야키

▶ たこやき

Tips!

밀가루 반죽에 잘게 자른 문어를 넣고 데굴데굴 굴려서 만드는 '다코야끼'는 1935년경 오사카에서 태어난 음식이에요. 초기 다코야끼는 반죽 자체에 간이 되어 있어서 따로 위에 소스를 뿌리지 않았지만, 시간이 흐르며 사람들의 기호에 맞게 다양한 스타일로 변화했답니다.

히라가나 さ행 음식 그림을 보며 쓰기 연습을 해 봅시다!

세 ㅁ 베-
せんべい
전병, 센베이

▶ せんべい

소 바
そば
메밀국수, 소바

▶ そば

Tips!

일본 사람들은 어떤 초밥을 가장 좋아할까요? 매년 약간의 순위 변동은 있지만, 항상 상위에 랭크되는 초밥 종류로는 '연어, 참치, 방어, 새우, 연어알' 등이 있답니다. 여러분은 어떤 초밥을 가장 좋아하시나요?

히라가나 あ행을 다시 한번 복습해 봅시다!

발음 ame　의미 사탕

발음 ichigo　의미 딸기

발음 uni　의미 성게알

발음 ebi　의미 새우

발음 onigiri　의미 주먹밥

히라가나 か행을 다시 한번 복습해 봅시다!

らあげ
발음 karaage　의미 닭튀김, 가라아게

のこ
발음 kinoko　의미 버섯

り
발음 kuri　의미 밤

た　のこ
발음 takenoko　의미 죽순

た　やき
발음 takoyaki　의미 문어빵, 다코야끼

히라가나 さ행을 다시 한번 복습해 봅시다!

2장 히라가나

た·な·は행 쓰기 연습

암기동영상 보기

2장 학습을 모두 마치면

히라가나 た~は행 15개 문자와
음식 메뉴를 쓰고 말할 수 있어요!

히라가나 た행 음식 그림을 보며 쓰기 연습을 해 봅시다!

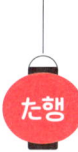

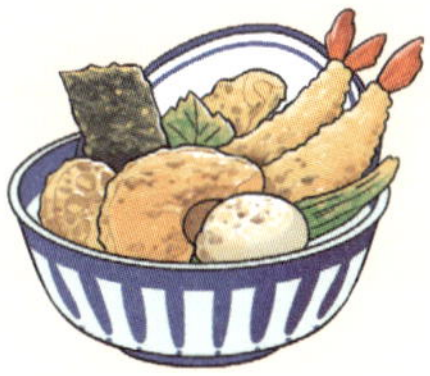

테 ㄴ 도 ㅇ
てんどん
튀김 덮밥, 텐동

① て て

▶ てんどん

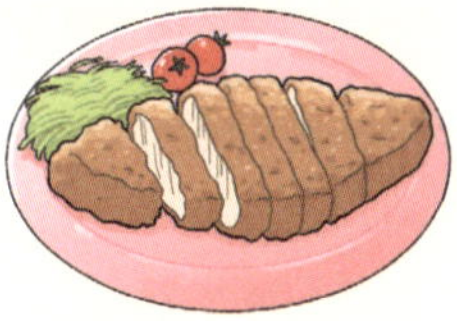

토 ㅇ 카 츠
とんかつ
일본식 돈가스

① ② と と

▶ とんかつ

Tips!

'いも(이모)'는 토란, 감자, 고구마 계열의 작물을 뭉뚱그려 뜻하는 말이에요. 이 いも를 활용한 흥미로운 표현 중에 'いもがお(이모가오)'라는 것이 있는데, 직역하면 'いも스러운 얼굴'이라는 뜻이에요. いも에 속하는 작물들이 외관상 동그랗고 흙 속에 파묻혀 있다는 점에서 '다소 촌스럽고 소박한 인상의 얼굴'이라는 뉘앙스가 숨어져 있답니다.

히라가나 な행 음식 그림을 보며 쓰기 연습을 해 봅시다!

나 마 비 ― 루
なまびーる
생맥주

▶ なまびーる

니 꾸 마 ㅇ
にくまん
고기 만두

▶ にくまん

타 누 키 소 바
たぬきそば
*타누끼소바

▶ たぬきそば

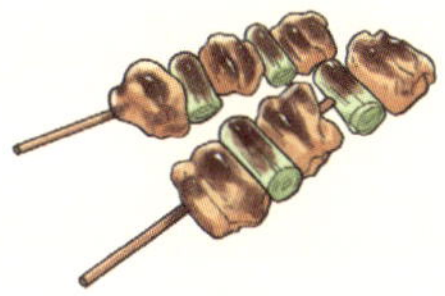

네 기 마
ねぎま
파닭꼬치

①
②
ね ね

▶ ねぎま

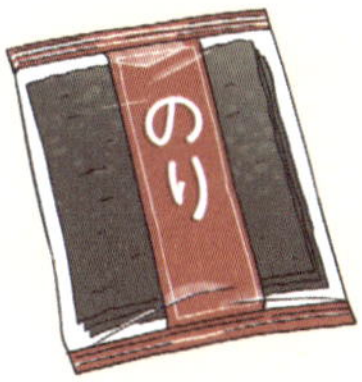

노 리
のり
일본식 김초밥

①
の の

▶ のり

*타누끼소바: 튀김 부스러기와 파 등을 넣어 만든 메밀 국수

Tips!

술집에 가면 가장 먼저 어떤 술을 찾으시나요? 대다수의 일본 현지인들은 가장 처음 생맥주를 주문해서 마신답니다. 자리에 앉자마자 생맥주부터 시켜 놓고 안주 메뉴를 살피는 경우도 많아요. 참고로 생맥주를 짧게 줄여서 'なま(나마)'라고 말하니 알아 두면 유용하겠죠?

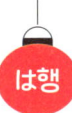

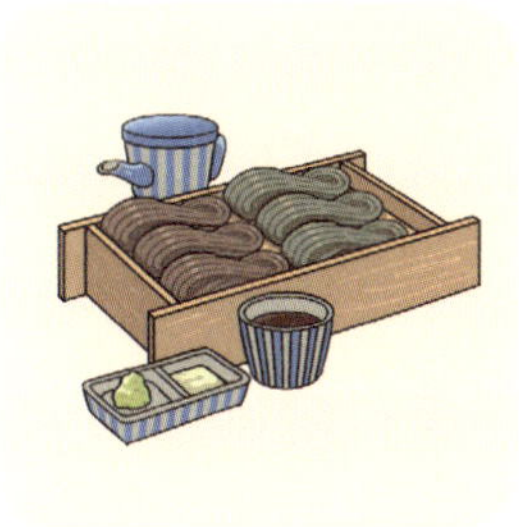

헤 기 소 바
へぎそば
*헤기소바

① へ へ

▶ へぎそば

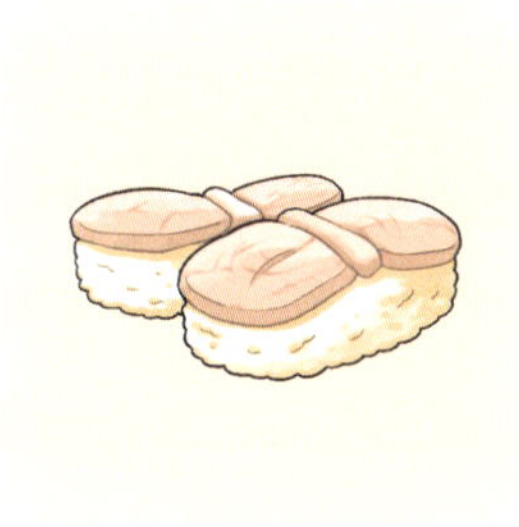

호 타 테
ほたて
가리비

① ② ③ ④ ほ ほ

▶ ほたて

*후토마끼: 여러 가지 생선 살 등을 넣은 두꺼운 김초밥
*헤기소바: 나무 그릇에 올려 먹는 일본 니가타현 명물 메밀 국수

Tips!

현지 소바 가게에 가면 식후에 나무 주전자 같은 곳에 어떤 액체가 담겨 나오는 경우가 있어요. 이걸 일본어로는 'そばゆ(소바유)', 우리말로는 '소바 끓인 물'을 뜻해요. 면뿐만 아니라 면을 삶은 물에도 비타민B와 같은 다양한 영양분이 많이 들어 있는 만큼 현지 사람들은 식후에 이 そばゆ까지 마시며 식사를 마무리한답니다.

히라가나 た행을 다시 한번 복습해 봅시다!

ま ご
발음 tamago　의미 계란

は ま
발음 hamachi　의미 어린 방어

さ ま い も
발음 satsumaimo　의미 고구마

ん ど ん
발음 tendon　의미 튀김 덮밥, 텐동

ん か つ
발음 tonkatsu　의미 일본식 돈가스

히라가나 な행을 다시 한번 복습해 봅시다!

まびーる
발음 namabiru　의미 생맥주

くまん
발음 nikuman　의미 고기 만두

たきそば
발음 tanukisoba　의미 타누끼소바

ぎま
발음 negima　의미 파닭꼬치

り
발음 nori　의미 김

히라가나 は행을 다시 한번 복습해 봅시다!

ち み つ
발음 hachimitsu 의미 꿀

ら め
발음 hirame 의미 광어

と ま き
발음 hutomaki 의미 후토마끼

ぎ そ ば
발음 hegisoba 의미 헤기소바

た て
발음 hotate 의미 가리비

3장 히라가나

ま·や·ら·わ행과 발음 ん 쓰기 연습

암기동영상 보기

3장 학습을 모두 마치면

히라가나 ま~わ행 & 발음 ん 16개 문자와
음식 메뉴를 쓰고 말할 수 있어요!

히라가나 ま행 음식 그림을 보며 쓰기 연습을 해 봅시다!

마 구 로
まぐろ
참치(살)

▶ まぐろ

미 소 시 루
みそしる
일본식 된장국

▶ みそしる

무 기 챠
むぎちゃ
보리차

▶ むぎちゃ

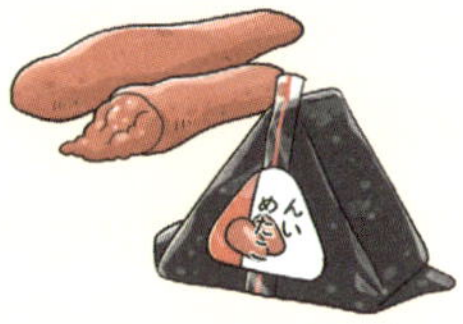

메 ㄴ 따 이 코
めんたいこ
명란젓

▶ めんたいこ

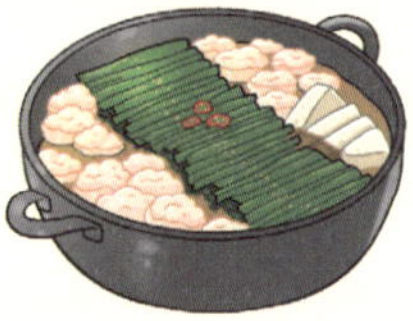

모 쯔 나 베
もつなべ
*모츠나베

*모츠나베: 소 또는 돼지 곱창과 야채를 넣고 끓인 일본식 곱창전골

Tips!

우리말 '참치'는 생선과 통조림 속에 든 참치 모두를 가리키는데요. 일본에서는 생선을 말할 땐 'まぐろ(마구로)', 통조림 참치는 'ツナ(츠나)'라고 구분한답니다.

히라가나 や행 음식 그림을 보며 쓰기 연습을 해 봅시다!

や행

야 끼 소 바
やきそば
야끼소바

▶ やきそば

유 즈
ゆず
유자

▶ ゆず

요 모 기 다 ㅇ 고
よもぎだんご
쑥경단

▶ よもぎだんご

히라가나 ら행 음식 그림을 보며 쓰기 연습을 해 봅시다!

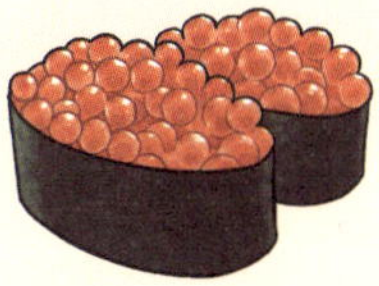

이 꾸 라

いくら

연어알

① ② ら ら

▶ いくら

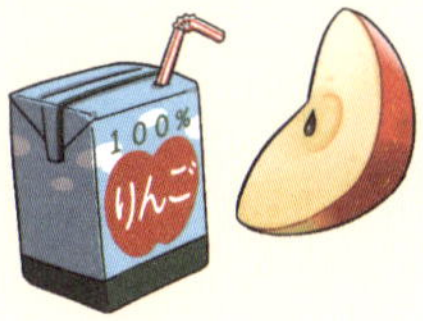

리 ㅇ 고

りんご

사과

① ② り り

▶ りんご

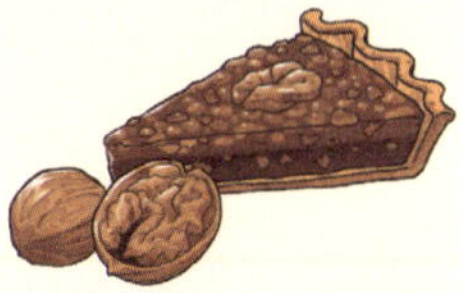

쿠 루 미

くるみ

호두

① る る

▶ くるみ

레 ○ 코 ○
れんこん
연근

▶ れんこん

로 바 타 야 끼
ろばたやき
*로바타야끼

*로바타야끼: 손님 앞에서 해산물, 야채 등을 굽는 요리

▶ ろばたやき

Tips!

연어의 알을 'いくら(이꾸라)'라고 하는데, 일본 현지에서는 연어알을 먹을 때 난소를 꺼내고 난막을 제거하여 알갱이 형태로 분리한 다음 소금, 간장 등에 절여서 먹는 것이 일반적이에요. 참고로 같은 연어알이지만 난막에 쌓인 상태에서 소금에 절인 것은 'すじこ(스지코)'라고 해요.

히라가나 わ행과 발음 ん 음식 그림을 보며 쓰기 연습을 해 봅시다!

わ행

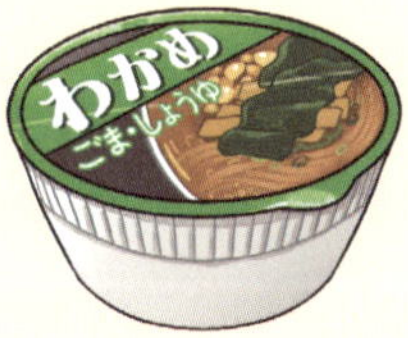

와 까 메

わかめ

미역

わ わ

▶ わかめ

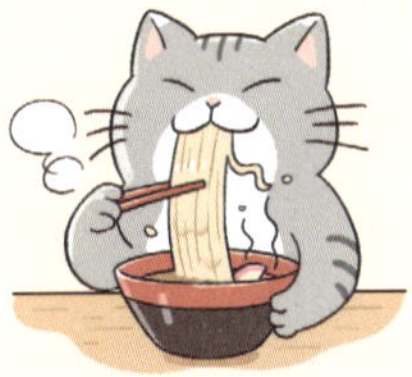

메 ㅇ 오 타 베 루

めんをたべる

면을 먹다

を を

▶ めんをたべる

ん

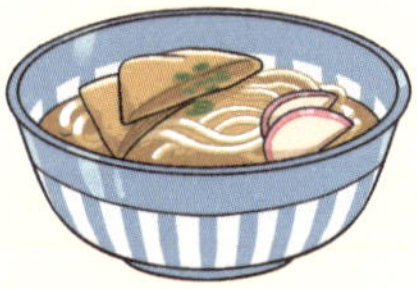

우 도 ㅇ

うどん

우동

ん ん

▶ うどん

히라가나 ま행을 다시 한번 복습해 봅시다!

ま ぐ ろ
발음 maguro 의미 참치(살)

み そ し る
발음 misoshiru 의미 일본식 된장국

む ぎ ち ゃ
발음 mugicha 의미 보리차

め ん た い こ
발음 mentaiko 의미 명란젓

も つ な べ
발음 motsunabe 의미 모츠나베

히라가나 や행을 다시 한번 복습해 봅시다!

발음 yakisoba   의미 야끼소바

발음 yuzu   의미 유자

발음 yomogidango   의미 쑥경단

히라가나 ら행을 다시 한번 복습해 봅시다!

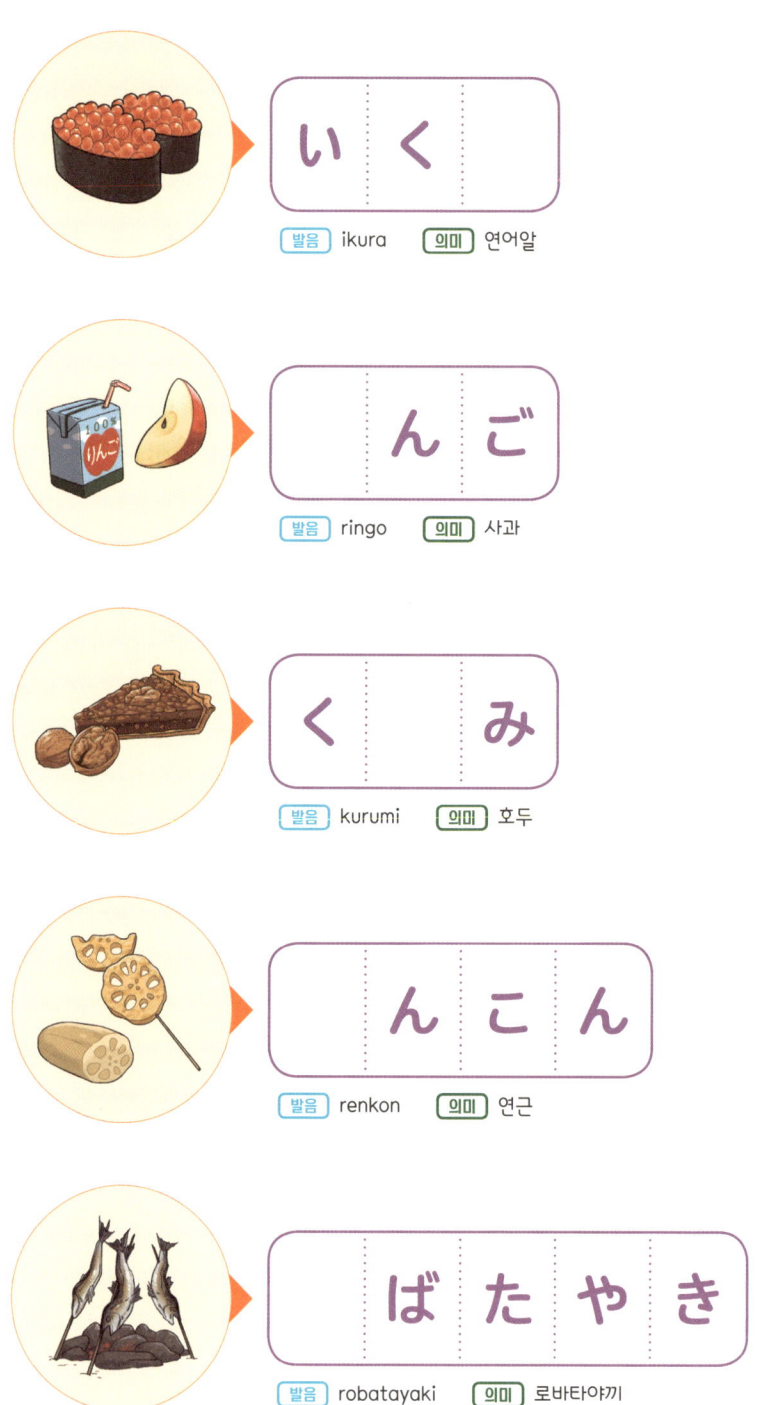

い く [　]
발음 ikura　의미 연어알

[　] ん ご
발음 ringo　의미 사과

く [　] み
발음 kurumi　의미 호두

[　] ん こ ん
발음 renkon　의미 연근

[　] ば た や き
발음 robatayaki　의미 로바타야끼

히라가나 わ행과 발음 ん을 다시 한번 복습해 봅시다!

4장 가타카나

ア·カ·サ행 쓰기 연습

암기동영상 보기

4장 학습을 모두 마치면

가타카나 ア~サ행 15개 문자와
음식 이름을 쓰고 말할 수 있다!

가타카나 메뉴 미리보기

우리말 발음을 보며 다양한 음식 어휘를 읽어 보고 의미를 추측해 보세요.

アイスコーヒー	아이스코-히-
カレーうどん	카레-우도ㄴ
サンドイッチ	사ㄴ도이ㅅ치
タバスコ	타바스코
イカ	이까
チキン	치키ㄴ
シーフード	시-후-도
チーズ	치-즈
ウーロンちゃ	우-로ㄴ챠
クレープ	쿠레-푸
ステーキ	스테-끼
ツナマヨ	츠나마요
エスプレッソ	에스푸레ㅅ소
ケール	케-루
セロリ	세로리
カステラ	카스테라
オムライス	오무라이스
コーラ	코-라
ソーセージ	소-세-지
トマト	토마토

ワイン 와이ㄴ	ラーメン 라-메ㄴ	ゴーヤ 고-야	マカロン 마카로ㄴ	ハイボール 하이보-루	ナゲット 나게ㅅ또
	リーフパイ 리-후파이		ミルク 미루꾸	ヒレカツ 히레카츠	ニラ 니라
スコーン 스코-ㄴ	ルイボスティー 루이보스티-	ユッケ 유ㄱ께	ムースケーキ 무-스케-끼	フライドポテト 후라이도포테토	ヌードル 누-도루
	レタス 레타스		メロンパン 메로파ㄴ	ヘーゼルナッツ 헤-제루나ㅅ츠	マヨネーズ 마요네-즈
	ロースカツ 로-스카츠	ヨーグルト 요-구루또	レモン 레모ㄴ	ホルモン 호루모ㄴ	ミノ 미노

자 그럼! ア행부터 쓰기 연습을 시작해 볼까요?

가타카나 ア행 음식 그림을 보며 쓰기 연습을 해 봅시다!

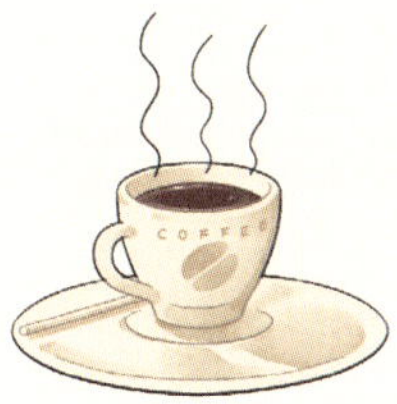

에 스 푸 레 ㅅ 소
エスプレッソ
에스프레소

▶ エスプレッソ

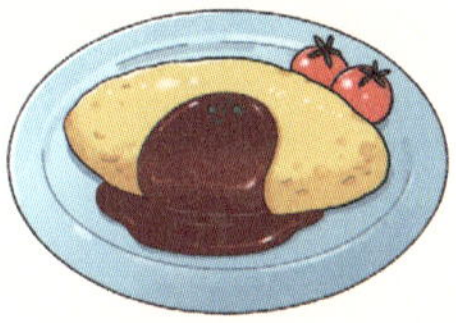

오 무 라 이 스
オムライス
오므라이스

▶ オムライス

Tips!

중국의 명차 중 하나인 '우롱차'는 일본어로는 'ウーロンちゃ(우-로ㄴ챠)'라고 해요. 우롱차는 일본 현지에서도 대중적으로 많은 사랑을 받고 있는데, 특히 편의점에서 가면 페트병에 든 형태로 판매하는 걸 자주 볼 수 있어요. 그리고 이 우롱차는 술을 못 마시는 사람이 이자카야에서 술 대신 주문할 수 있는 보험(?) 같은 음료이기도 합니다.

가타카나 カ행 음식 그림을 보며 쓰기 연습을 해 봅시다!

カ행

케 - 루
ケール
케일

▶ ケール

코 - 라
コーラ
콜라

▶ コーラ

Tips!

일본 사람들이 '치킨'에 대해 가지고 있는 이미지는 KFC와 같은 패스트푸드 체인점에서 파는 '후라이드 치킨'에 가깝답니다. 또한 우리는 뼈 발라 먹는 재미로 치킨을 먹기도 하지만, 일본인들은 뼈보다는 순살을 선호하는 경향이 있어요.

가타카나 サ행 음식 그림을 보며 쓰기 연습을 해 봅시다!

세 로 리
セロリ
샐러리

▶ セロリ

소 - 세 - 지
ソーセージ
소시지

▶ ソーセージ

Tips!

돈가스를 빵과 빵 사이에 넣어 만든 일본식 샌드위치 'カツサンド(카츠산도)'라는 음식을 알고 계시나요? 간편하게 먹을 수 있는 사이즈로 공원이나 역 등에서 도시락으로 먹는 현지인들을 찾아볼 수 있는데요. 이 카츠산도는 1935년 도쿄 우에노의 어느 돈가스 전문점에서 처음 탄생했는데, 당시 가게를 자주 오던 게이샤 손님들을 위해 립스틱을 묻히지 않고 먹을 수 있는 작은 사이즈의 카츠산도를 생각해 냈다고 해요.

가타카나 ア행을 다시 한번 복습해 봅시다!

가타카나 カ행을 다시 한번 복습해 봅시다!

カ ー うどん
발음 kareudon　의미 카레 우동

チ キ ン
발음 chikin　의미 치킨

ク レ ー プ
발음 kurepu　의미 크레이프

ケ ー ル
발음 keru　의미 케일

コ ー ラ
발음 kora　의미 콜라

가타카나 サ행을 다시 한번 복습해 봅시다!

| ン | ド | イ | ッ | チ |

발음 sandoicchi　의미 샌드위치

| ー | フ | ー | ド |

발음 shihudo　의미 해산물, 씨푸드

| テ | ー | キ |

발음 suteki　의미 스테이크

| ロ | リ |

발음 serori　의미 샐러리

| ー | セ | ー | ジ |

발음 soseji　의미 소시지

5장
가타카나

タ・ナ・ハ행 쓰기 연습

암기동영상 보기

5장 학습을 모두 마치면

가타카나 タ~ハ행 15개 문자와
음식 이름을 쓰고 말할 수 있다!

가타카나 タ행 음식 그림을 보며 쓰기 연습을 해 봅시다!

타 바 스 코
タバスコ
타바스코

▶ タバスコ

치 ー 즈
チーズ
치즈

▶ チーズ

츠 나 마 요
ツナマヨ
참치마요

▶ ツナマヨ

カ ス **테** ラ
カステラ
카스텔라

▶ カステラ

토 マ **토**
トマト
토마토

▶ トマト

Tips!

우리말 '참치마요'를 뜻하는 'ツナマキ(츠나마요)'는 한일 양국에서 사랑받는 삼각김밥 재료인데요. 일본 현지 사람들은 연어 'しゃけ(샤케)'와 명란젓 'めんたいこ(멘따이코)'와 같이 주로 해산물 재료를 선호하는 편이에요.

가타카나 ナ행 음식 그림을 보며 쓰기 연습을 해 봅시다!

나 게 ㅅ 또
ナゲット
너겟

▶ ナゲット

니 라
ニラ
부추

▶ ニラ

누 - 도 루
ヌードル
국수

▶ ヌードル

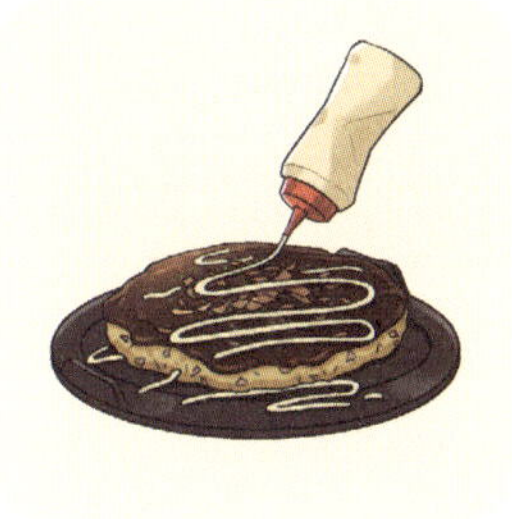

마요네ー즈
マヨネーズ
마요네즈

▶ マヨネーズ

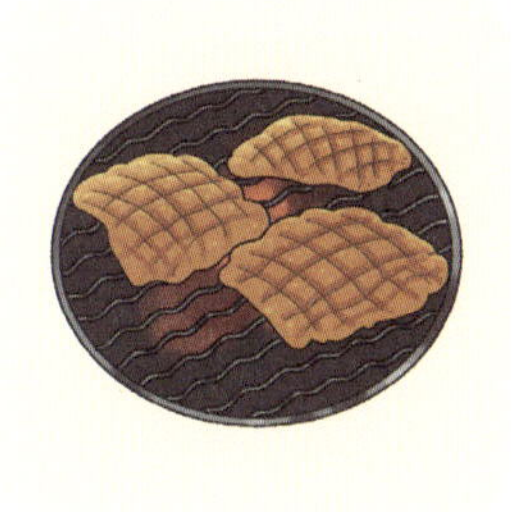

미 노
ミノ
소의 위, 양

▶ ミノ

Tips!

'ミノ(미노)'는 소의 첫 번째 위, 즉 '양'으로 쫄깃한 식감이 특징인 일본 숯불 고깃집 인기 메뉴랍니다. 특히 ミノ 가운데 가장 두껍고 탄력이 있는 부위인 '上ミノ(죠-미노)'는 꼭 드셔 보시는 걸 추천해요.

가타카나 ハ행 음식 그림을 보며 쓰기 연습을 해 봅시다!

헤 ー 제 루 나 ㅅ 츠
ヘーゼルナッツ
헤이즐넛

▶ ヘーゼルナッツ

호 루 모 ㅇ
ホルモン
소 내장

▶ ホルモン

Tips!

'하이볼'은 기본적으로 위스키에 탄산수를 넣은 것인데, 현지에서는 위스키에 콜라를 넣은 'コークハイボール(코-쿠하이보-루)'나 오렌지 주스를 넣은 'オレンジハイボール(오렌지하이보-루)'와 같이 다양한 종류의 하이볼을 찾아볼 수 있어요.

가타카나 夕행을 다시 한번 복습해 봅시다!

가타카나 ナ행을 다시 한번 복습해 봅시다!

ゲット
발음 nagetto 의미 너겟

ニラ
발음 nira 의미 부추

ヌードル
발음 nudoru 의미 국수

マヨネーズ
발음 mayonezu 의미 마요네즈

ミノ
발음 mino 의미 소의 위, 양

가타카나 ハ행을 다시 한번 복습해 봅시다!

ハイボール
발음 haiboru　의미 하이볼

ヒレカツ
발음 hirekatsu　의미 안심 돈가스

フライドポテト
발음 huraidopoteto　의미 감자튀김

ヘーゼルナッツ
발음 hezerunattsu　의미 헤이즐넛

ホルモン
발음 horumon　의미 소 내장

6장
가타카나

マ·ヤ·ラ·ワ행과 발음 ン 쓰기 연습

암기동영상 보기

6장 학습을 모두 마치면

가타카나 マ~ワ행 & 발음 ン 15개 문자와
음식 이름을 쓰고 말할 수 있다!

가타카나 マ행 음식 그림을 보며 쓰기 연습을 해 봅시다!

메 로 ㅁ 파 ㅇ
メロンパン
멜론빵

▶ メロンパン

레 모 ㅇ
レモン
레몬

▶ レモン

Tips!

현지 베이커리나 편의점 등에서 쉽게 볼 수 있는 '멜론빵' 'メロンパン(메론팡)'에는 흥미롭게도 멜론이 안 들어 있답니다. 쿠키 반죽에 멜론 껍질과 같이 칼집을 미리 넣고 구운 것이 멜론 껍질과 닮아서 붙여진 이름이에요.

가타카나 ヤ행 음식 그림을 보며 쓰기 연습을 해 봅시다!

ヤ행

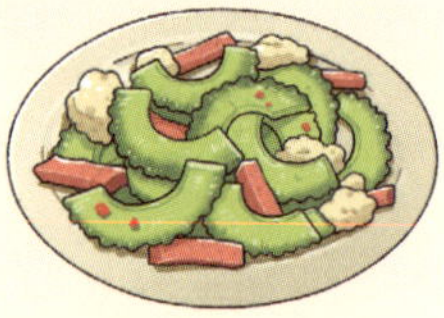

고 ー 야

ゴーヤ

여주

ヤ ヤ

▶ ゴーヤ

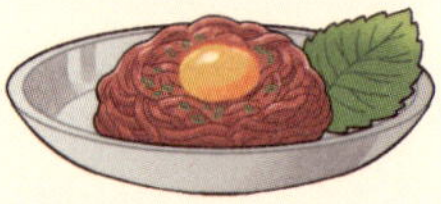

유 ㄱ 케

ユッケ

육회

ユ ユ

▶ ユッケ

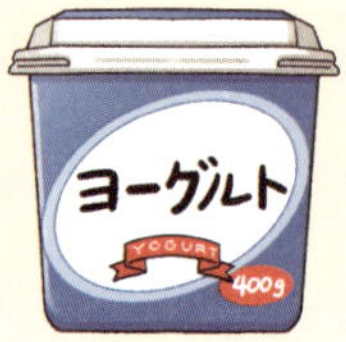

요 ー 구 루 또

ヨーグルト

요거트

ヨ ヨ

▶ ヨーグルト

가타카나 ラ행 음식 그림을 보며 쓰기 연습을 해 봅시다!

ラ행

라 - 메 ㅇ
ラーメン
라멘

▶ ラーメン

리 - 후 파 이
リーフパイ
리프파이

▶ リーフパイ

루 이 보 스 티 -
ルイボスティー
루이보스티

▶ ルイボスティー

가타카나 ワ행과 발음 ン 음식 그림을 보며 쓰기 연습을 해 봅시다!

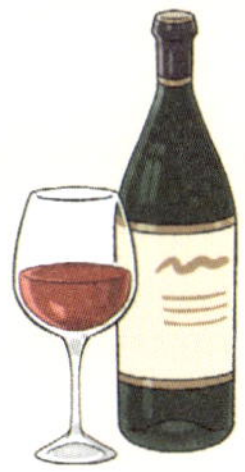

와 이 ㅇ
ワイン
와인

▶ ワイン

ン

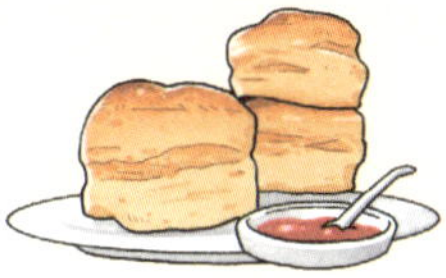

스 코 - ㅇ
スコーン
스콘

▶ スコーン

*ヲ: 가타카나 ワ행의 'ヲ(오)'는 현대 일본어에서는 사용하지 않는 글자로 생략했습니다. (129p ワ행 쓰기 연습 참고)

Tips!

'화이트와인'은 'しろワイン(시로와이ㅇ)', '레드와인'은 'あかわいん(아까와이ㅇ)'이라고 해요. 주문 시에는 줄여서 각각 'しろ', 'あか'라고 말해도 의미가 통한답니다.

가타카나 マ행을 다시 한번 복습해 봅시다!

マカロン
발음 makaron　의미 마카롱

ミルク
발음 miruku　의미 우유

ムースケーキ
발음 musukeki　의미 무스케이크

メロンパン
발음 merompan　의미 멜론빵

レモン
발음 remon　의미 레몬

가타카나 ヤ행을 다시 한번 복습해 봅시다!

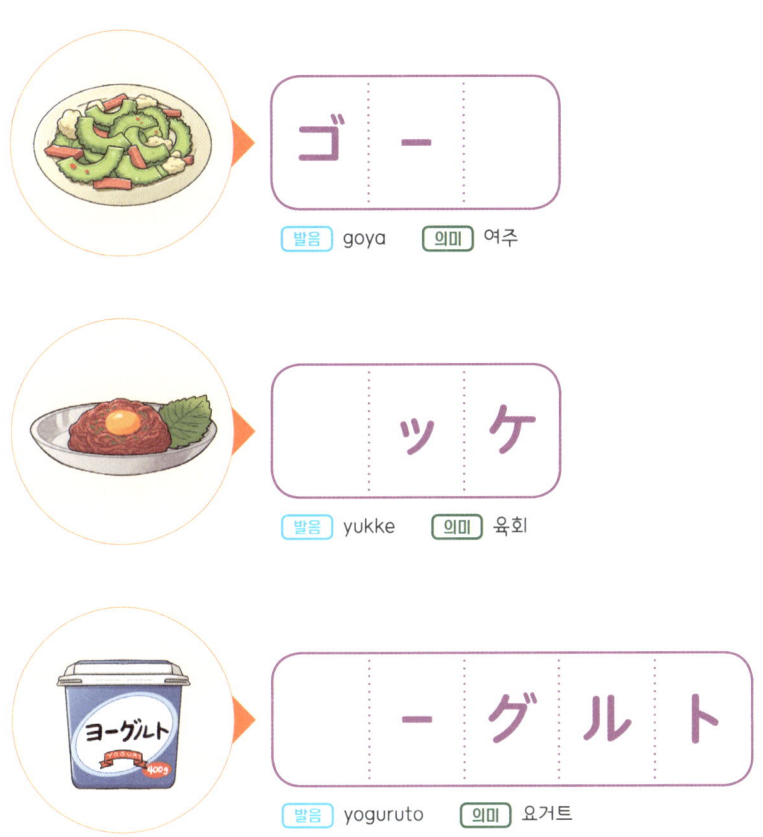

ゴ ー

발음 goya 의미 여주

ッ ケ

발음 yukke 의미 육회

ヨ ー グ ル ト

발음 yoguruto 의미 요거트

가타카나 ラ행을 다시 한번 복습해 봅시다!

ー メ ン
발음 ramen   의미 라멘

ー フ パ イ
발음 rihupai   의미 리프파이

イ ボ ス ティ ー
발음 ruibosuthi   의미 루이보스티

タ ス
발음 retasu   의미 양상추

ー ス カ ツ
발음 rosukatsu   의미 등심 돈가스

가타카나 ワ행과 발음 ン을 다시 한번 복습해 봅시다!

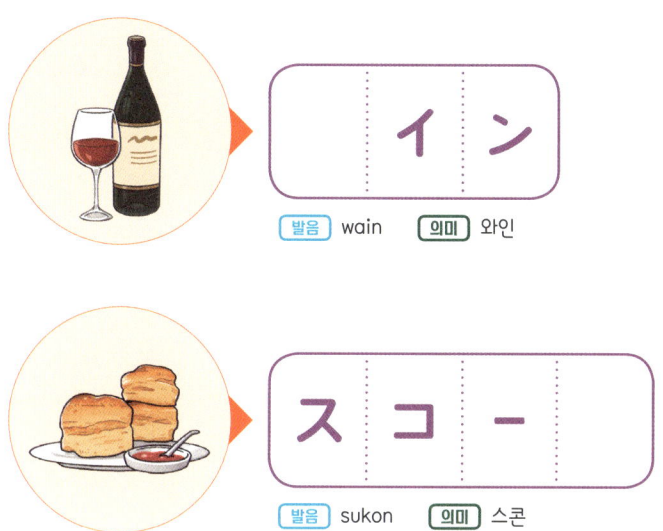

イ ン
발음 wain   의미 와인

ス コ ー
발음 sukon   의미 스콘

부록

나만의 문자 워크북

암기동영상 보기

- ✓ 탁음·반탁음·요음 써 보기
- ✓ 촉음·발음 써 보기
- ✓ 히라가나·가타카나 더 써 보기
- ✓ 음식 단어 더 써 보기

히라가나 탁음 | が행
が행 탁음은 문자 우측 위에 2개의 점 ' ゛ '으로 표기해요.

が	が			
가 [ga]

ぎ	ぎ			
기 [gi]

ぐ	ぐ			
구 [gu]

げ	げ			
게 [ge]

ご	ご			
고 [go]

가타카나 탁음 | ガ행

ガ ガ
가 [ga]

ギ ギ
기 [gi]

グ グ
구 [gu]

ゲ ゲ
게 [ge]

ゴ ゴ
고 [go]

가타카나 탁음 | ザ행

ザ ザ
자 [za]

ジ ジ
지 [ji]

ズ ズ
즈 [zu]

ゼ ゼ
제 [ze]

ゾ ゾ
조 [zo]

히라가나 탁음 | だ행

だ
다 [da]

ぢ
지 [ji]

づ
즈 [zu]

で
데 [de]

ど
도 [do]

가타카나 탁음 | ダ행

ダ	ダ			
다 [da]

| ヂ | ヂ | | | |
지 [ji]

| ヅ | ヅ | | | |
즈 [zu]

| デ | デ | | | |
데 [de]

| ド | ド | | | |
도 [do]

히라가나 탁음 | ば행

ば ば
바 [ba]

び び
비 [bi]

ぶ ぶ
부 [bu]

べ べ
베 [be]

ぼ ぼ
보 [bo]

가타카나 탁음 | バ행

히라가나 반탁음 | **ぱ행** 반탁음은 우측 위에 1개의 동그라미 ' ° '로 표기해요.

ぱ 파 [pa]	ぱ

ぴ 피 [pi]	ぴ

ぷ 푸 [pu]	ぷ

ぺ 페 [pe]	ぺ

ぽ 포 [po]	ぽ

가타카나 반탁음 | パ행

히라가나 요음 | きゃ행 요음은 い단 옆에 'や·ゆ·よ'를 작게 붙여 쓴 문자예요.

| きゃ 캬 [kya] | きゃ | | | |

| きゅ 큐 [kyu] | きゅ | | | |

| きょ 쿄 [kyo] | きょ | | | |

히라가나 요음 | ぎゃ행

| ぎゃ 갸 [gya] | ぎゃ | | | |

| ぎゅ 규 [gyu] | ぎゅ | | | |

| ぎょ 교 [gyo] | ぎょ | | | |

가타카나 요음 | キャ행

キャ 캬 [kya]	キャ

キュ 큐 [kyu]	キュ

キヨ 쿄 [kyo]	キヨ

가타카나 요음 | ギャ행

히라가나 요음 | しゃ행

| しゃ 샤 [sha] | しゃ | | | |

| しゅ 슈 [shu] | しゅ | | | |

| しょ 쇼 [sho] | しょ | | | |

히라가나 요음 | じゃ행

| じゃ 쟈 [ja] | じゃ | | | |

| じゅ 쥬 [ju] | じゅ | | | |

| じょ 죠 [jo] | じょ | | | |

가타카나 요음 | シャ행

シャ 샤 [sha]

シュ 슈 [shu]

ショ 쇼 [sho]

가타카나 요음 | ジャ행

ジャ 쟈 [ja]

ジュ 쥬 [ju]

ジョ 죠 [jo]

히라가나 요음 | ちゃ행

| ちゃ 챠 [cha] | ちゃ | | | |

| ちゅ 츄 [chu] | ちゅ | | | |

| ちょ 쵸 [cho] | ちょ | | | |

히라가나 요음 | ぢゃ행

| ぢゃ 쟈 [ja] | ぢゃ | | | |

| ぢゅ 쥬 [ju] | ぢゅ | | | |

| ぢょ 죠 [jo] | ぢょ | | | |

가타카나 요음 | **チャ**행

チャ 챠 [cha]

チュ 츄 [chu]

チョ 쵸 [cho]

가타카나 요음 | **ヂャ**행

ヂャ 쟈 [ja]

ヂュ 쥬 [ju]

ヂョ 죠 [jo]

히라가나 요음 | にゃ행

にゃ 냐 [nya]	にゃ

にゅ 뉴 [nyu]	にゅ

にょ 뇨 [nyo]	にょ

히라가나 요음 | ひゃ행

ひゃ 햐 [hya]	ひゃ

ひゅ 휴 [hyu]	ひゅ

ひょ 효 [hyo]	ひょ

가타카나 요음 | ニャ행

ニャ
냐 [nya]

ニュ
뉴 [nyu]

ニョ
뇨 [nyo]

가타카나 요음 | ヒャ행

ヒャ
햐 [hya]

ヒュ
휴 [hyu]

ヒョ
효 [hyo]

히라가나 요음 | びゃ행

びゃ 뱌 [bya]	びゃ
ぴゅ 뷰 [byu]	びゅ
びょ 뵤 [byo]	びょ

히라가나 요음 | ぴゃ행

ぴゃ 퍄 [pya]	ぴゃ
ぴゅ 퓨 [pyu]	ぴゅ
ぴょ 표 [pyo]	ぴょ

가타카나 요음 | ビャ행

ビャ	바 [bya]
ビュ	뷰 [byu]
ビョ	뵤 [byo]

가타카나 요음 | ピャ행

ピャ	퍄 [pya]
ピュ	퓨 [pyu]
ピョ	표 [pyo]

히라가나 요음 | みゃ행

みゃ 먀 [mya]	みゃ
みゅ 뮤 [myu]	みゅ
みょ 묘 [myo]	みょ

히라가나 요음 | りゃ행

りゃ 랴 [rya]	りゃ
りゅ 류 [ryu]	りゅ
りょ 료 [ryo]	りょ

가타카나 요음 | ミャ행

| ミヤ 먀 [mya] | ミヤ | | | |

| ミュ 뮤 [myu] | ミュ | | | |

| ミョ 묘 [myo] | ミョ | | | |

가타카나 요음 | リャ행

| リャ 랴 [rya] | リャ | | | |

| リュ 류 [ryu] | リュ | | | |

| リョ 료 [ryo] | リョ | | | |

히라가나 촉음 | 작은っ 촉음은 우리말 받침과 유사하며, 작게 'っ', 'ッ'로 표기해요.

가타카나 촉음 | 작은 ッ

히라가나 발음 | ん 발음 'ん'과 'ン'은 우리말 받침 'ㄴ, ㅁ, ㅇ'과 같은 소리가 나요.

호 ○ **ほん** 책 [hon]	카 ○ **かん** 캔 [kan]	세 ○ **せん** 선 [sen]
ほん	かん	せん
ほん	かん	せん

미 까 ○ **みかん** 귤 [mikan]	세 ㅁ 빠이 **せんぱい** 선배 [sempai]	시 ㅁ 부 ○ **しんぶん** 신문 [shimbun]
みかん	せんぱい	しんぶん
みかん	せんぱい	しんぶん

가타카나 발음 | ン

히라가나 | **あ행**

あ
아 [a]

い
이 [i]

う
우 [u]

え
에 [e]

お
오 [o]

가타카나 | **ア행**

ア
아 [a]

イ
이 [i]

ウ
우 [u]

エ
에 [e]

オ
오 [o]

히라가나 | か행

か	か			
카 [ka]

| き | き | | | |
키 [ki]

| く | く | | | |
쿠 [ku]

| け | け | | | |
케 [ke]

| こ | こ | | | |
코 [ko]

가타카나 | カ행

カ
카 [ka]

キ
키 [ki]

ク
쿠 [ku]

ケ
케 [ke]

コ
코 [ko]

히라가나 | さ행

さ 사 [sa]

し 시 [shi]

す 스 [su]

せ 세 [se]

そ 소 [so]

가타카나 | **サ행**

サ
사 [sa]

シ
시 [shi]

ス
스 [su]

セ
세 [se]

ソ
소 [so]

히라가나 | た행

た
타 [ta]

ち
치 [chi]

つ
츠 [tsu]

て
테 [te]

と
토 [to]

가타카나 | タ행

タ 타 [ta]

チ 치 [chi]

ツ 츠 [tsu]

テ 테 [te]

ト 토 [to]

가타카나 | ナ행

ナ
나 [na]

ニ
니 [ni]

ヌ
누 [nu]

ネ
네 [ne]

ノ
노 [no]

히라가나 | は행

は 하 [ha]   は

ひ 히 [hi]   ひ

ふ 후 [hu]   ふ

へ 헤 [he]   へ

ほ 호 [ho]   ほ

가타카나 | ハ행

히라가나 | **ま행**

ま ま
마 [ma]

み み
미 [mi]

む む
무 [mu]

め め
메 [me]

も も
모 [mo]

가타카나 | マ행

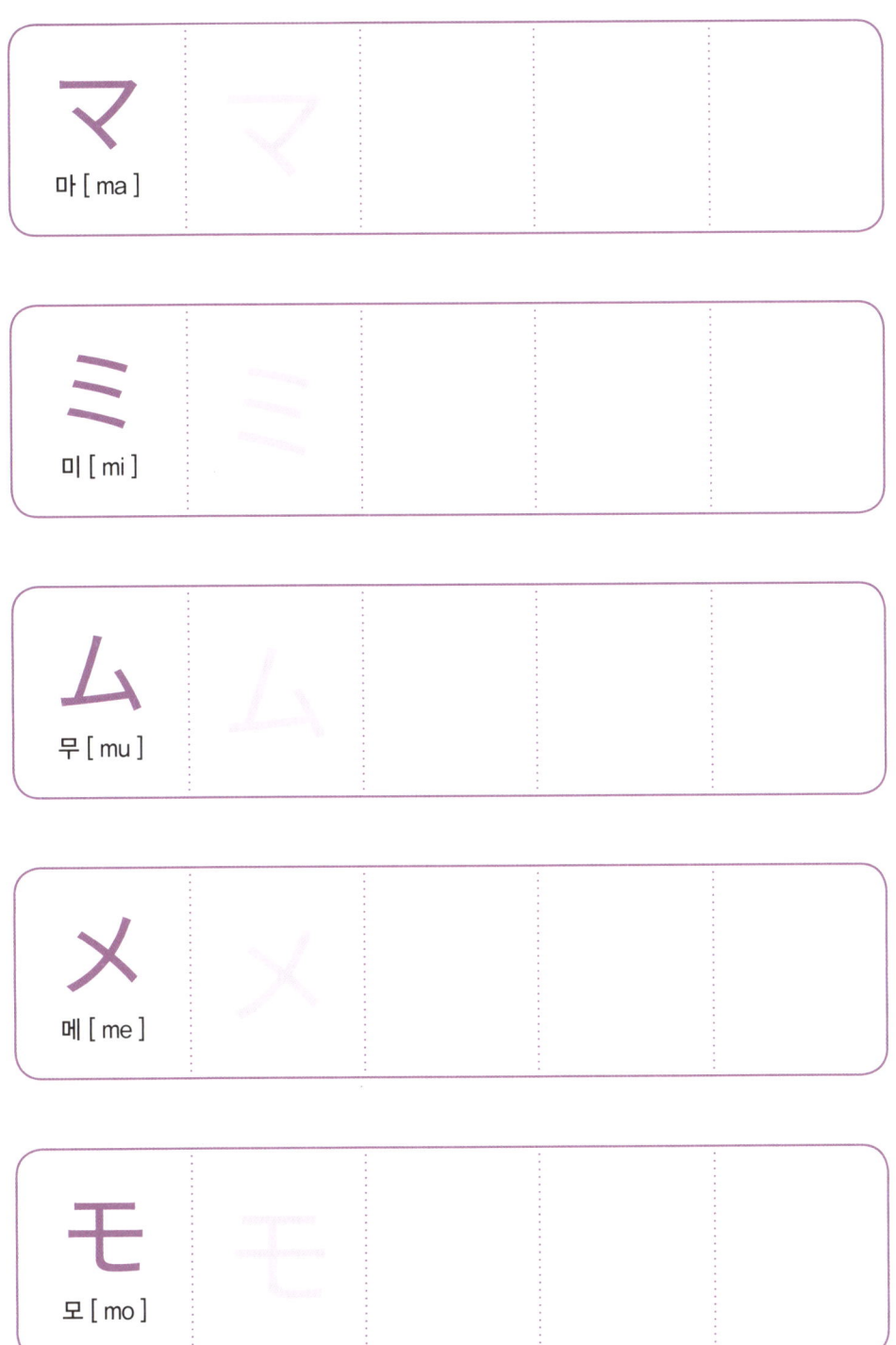

히라가나 | や행

가타카나 | ヤ행

ヤ 야 [ya]

ユ 유 [yu]

ヨ 요 [yo]

히라가나 | ら행

ら
라 [ra]

り
리 [ri]

る
루 [ru]

れ
레 [re]

ろ
로 [ro]

가타카나 | ラ행

ラ
라 [ra]

リ
리 [ri]

ル
루 [ru]

レ
레 [re]

ロ
로 [ro]

히라가나 | わ행과 발음

わ 와 [wa]

を 오 [wo]

ん 응 [n]

가타카나 | ワ행과 발음

| ワ 와 [wa] | ワ | | | |

| *ヲ 오 [wo] | ヲ | | | |

| ン 응 [n] | ン | | | |

*ヲ : 가타카나 ワ행의 'ヲ(오)'는 현대 일본어에서는 사용하지 않는 글자입니다.

히라가나 | 음식 단어 더 써 보기

니꾸
にく
고기 [niku]

にく

사까나
さかな
생선 [sakana]

さかな

고하ㅇ
ごはん
밥 [gohan]

ごはん

나ㅅ토ー
なっとう
낫또 [natto]

なっとう

교ー자
ぎょうざ
교자만두 [gyoza]

ぎょうざ

테ㅁ뿌라
てんぷら
튀김 [tempura]

てんぷら

히라가나 | 음식 단어 더 써 보기

えだまめ (에다마메)
풋콩 [edamame]

えだまめ

きゅうり (큐ー리)
오이 [kyuri]

きゅうり

にんじん (닌지ㅇ)
당근 [ninjin]

にんじん

すきやき (스끼야끼)
스끼야끼 [sukiyaki]

すきやき

やきとり (야끼토리)
닭꼬치 [yakitori]

やきとり

つけめん (츠케메ㅇ)
츠케멘 [tsukemen]

つけめん

가타카나 | 음식 단어 더 써 보기

パスタ 파스타
파스타 [pasuta]

スイカ 스이까
수박 [suika]

プリン 푸리o
푸딩 [purin]

スープ 스-뿌
스프 [supu]

クッキー 쿡키-
쿠키 [kukki]

トースト 토-스또
토스트 [tosuto]

가타카나 | 음식 단어 더 써 보기

시 리 아 루
シリアル
씨리얼 [shiriaru]

캬 베 츠
キャベツ
양배추 [kyabetsu]

파 푸 리 카
パプリカ
파프리카 [papurika]

오 무 레 츠
オムレツ
오믈렛 [omuretsu]

사 ー 모 ㅇ
サーモン
연어 [samon]

카 쿠 테 루
カクテル
칵테일 [kakuteru]

후루룩 일본어 히라가나 가타카나

초 판 발 행	2025년 4월 15일 (인쇄 2025년 2월 27일)
발 행 인	박영일
책 임 편 집	이해욱
저 자	후루룩외국어연구소
기 획 편 집	이동준
표지디자인	김지수
편집디자인	임아람 · 김휘주
일 러 스 트	기도연
발 행 처	시대에듀
공 급 처	(주)시대고시기획
출 판 등 록	제 10-1521호
주 소	서울시 마포구 큰우물로 75 [도화동 538 성지 B/D] 9F
전 화	1600-3600
팩 스	02-701-8823
홈 페 이 지	www.sdedu.co.kr
I S B N	979-11-383-8864-1
정 가	10,500원

※ 이 책은 저작권법에 의해 보호를 받는 저작물이므로, 동영상 제작 및 무단전재와 복제, 상업적 이용을 금합니다.
※ 이 책의 전부 또는 일부 내용을 이용하려면 반드시 저작권자와 (주)시대고시기획 · 시대에듀의 동의를 받아야 합니다.
※ 잘못된 책은 구입하신 서점에서 바꾸어 드립니다.
※ '후루룩외국어'는 종합교육그룹 '(주)시대고시기획 · 시대교육'의 외국어 브랜드입니다.